Essai sur le projet des Etats Unis d'Afrique.

Auteur : Aballo Pierre BOKONAKE.

« J'appartiens à l'ethnie Kabyè, au peuple du Togo et de l'Afrique ».

Aballo Pierre BOKONAKE.

SOMMAIRE.

I. Les causes du mépris à l'encontre de la communauté africaine.

Il y'a des sujets tabou en France et en Europe sur la question de la non représentation des communautés dans la sphère politique, dont la communauté d'origine africaine noire, et je tiens à faire cette précision, c'est un fait prégnant que ces politiciens issu des différents partis politiques souhaitent faire l'amalgame. Dans les esprits simple et facilement manipulable de ces électeurs, en expliquant à ces consommateurs profanes que le problème de l'immigration peut être résolu. En englobant, tous les différents problèmes des étrangers, terme non approprié, ce ne sont pas des étrangers en question, car ils font parti de la société dans son fonctionnement au quotidien, ces hommes et femmes qui représentent la communauté africaine et se distinguant des autres communautés. Il est maintenant temps de mettre les pendules à l'heure du XXI siècle à ces hommes politiques.

Je ne veux pas créer une polémique en installant le sujet sur la distinction entre les différentes communautés, Afrique noire, magrébine, asiatique et autres minorités, mais chacune a sa culture, son identité, une histoire et on ne peut pas regrouper tout cela dans un même sac, afin de se débarrasser de ce problème ennuyant pour ces politiciens. L'idée même d'accorder le droit de vote aux étrangers enflamme tous les esprits et personne n'ose affronter la réalité des faits. Les immigrés sont une force qui participe à l'économie, dans le passé par exemple, ils ont participés à la libération de la France durant la seconde guerre mondiale. Nous sommes au XXI siècle et je ne me sens pas représenté dans ces différents partis politiques en France, tout simplement, parce qu'il n'y a pas de candidat issu de notre communauté qui puisse « nous » représenté la communauté africaine noire, ce n'est pas un élu d'origine magrébine ou latine qui va comprendre nos attentes ou nous représenter. Ce n'est pas en lisant des enquêtes, des statistiques qui permettent de légitimer la représentation de nos électeurs d'origine africaine. Je n'ai rien contre les autres communautés, mais je fais un constat à partir de faits réel, cela m'attriste parfois de voir et d'entendre dans des manifestations, mes frères africains participer à des causes qui ne les concernent pas et qu'ils n'en tireront aucun gain. Ils sont là, car les organisateurs veulent remplir le quota de participant. Les médias ne sont pas en reste, favorisant ainsi la propagande de l'homme africain fragile qu'il faut aider comme un enfant demandant de l'aide à ces parents, comme par exemple des images de personnes en détresse qu'il faut sauver les immigrants sur les côtes européenne. L'objectif recherché est de montrer aux consommateurs électeurs, que les africains ne sont pas capable de résoudre les problèmes eux-mêmes comme un adulte et qu'il faut toujours les venir en aide. Ce qui est totalement faux, le continent africain est en pleine mutation, les experts de différentes disciplines le savent très bien, dans les 20 à 30 prochaines années, l'Afrique deviendra une nouvelle puissance économique. Le citoyen français va penser que le continent africain souffre, il ne voit que des les actualités des clandestins africains demandant l'asile politique, expliquant qu'il a fui la misère de son pays, ce qui est totalement faux, le continent africain est composé de 54 états, la misère et la souffrance ne règnent pas dans tous ces états et beaucoup d'entre eux finiront par regretter leur exode, en découvrant les conditions difficile d'intégration en Europe, en grande partie de la montée du nationalisme populaire. À la recherche du paradis, victime des illusions comme ces compatriotes français, victime de la désinformation médiatique. Le message que je peux apporter est de garder confiance, de persévérer et d'avoir la volonté de construire une Afrique unie, une nation unie, de ne pas s'aliéner en perdant son identité.

Il faut passer du stade de spectateur à celui d'acteur, maître de son existence, terminé le temps de l'exécution des directives, sans volonté d'initiative, et quand fait rare un des nôtres commence à faire des propositions, des observations, alors les autres sont surpris, voire étonné qu'il ne se comporte pas comme ces semblables. Pensons, agissons différemment d'eux, je ne dis pas de les haïr ou de les combattre, mais de leur montrer que nous avons, nous aussi une belle histoire, une identité, je ne supporte à l'idée d'entendre le discours de certains politiciens ou d'intellectuels proposant la solution de l'assimilation pour pouvoir s'intégrer, mais de qui parlons t on ?, ce n'est pas la génération de l'après guerre, c'est-à-dire nos parents qui sont venus pour venir reconstruire le pays dans l'optique d'un temps déterminé et de repartir chez eux. Donc le constat concerne la seconde et troisième génération, comment expliquer à une personne naît en France, qu'il est considéré comme une personne « sans papier ». Il y a plusieurs catégories d'individus et d'objectif recherché dans la communauté africaine, pour moi, ils font tous partis de la communauté. Chaque individu a droit de conserver son identité hériter de ces parents, mais il peut par la suite adopter une autre, mais en aucun cas, on ne peut l'obliger de renier ces origines, car une personne qui ne connaît pas son passé, ne pourra pas construire son avenir. Nous pouvons le voir avec la seconde et la troisième génération issu de la première immigration de l'après guerre, sans lien avec le pays d'origine, on ne peut pas affronter l'avenir, par exemple si j'ai besoin de conseil, de soutien ou d'aide, je devrais me rendre dans ma famille de mes parents qui se trouve en Afrique, mais celui qui ne sait pas ou renie ses origines en cas de problème, sa seule solution sera la violence. Le chômage, la discrimination à l'emploi et le problème au logement, tout cela constitue des facteurs, des germes de frustration qui conduira l'individu à l'autodestruction, dont les institutions et les pouvoirs publics en sont complices en fermant les yeux et même parfois en incitant de telles pratiques. Je veux des leaders dans chaque communauté, dans différents partis politiques, comme aux Etats Unis, ici en France, on n'est toujours dans ces vieux clichés, où un étranger doit voter à gauche ou pour l'extrême gauche, tout cela est révolu, dépassé, périmé. L'image du noir « pauvre, illettré, candide » qui ne peut s'en sortir qu'avec l'aide d'un européen est dépassé maintenant, mais en France cette vision paternaliste persiste encore, dans l'obtention d'un travail, d'un logement, il faut presque supplier pour l'obtenir. Comme le font la plupart d'africains et même des français, né de parent immigrés, moi, je dénonce, je proteste, je m'insurge face à de tel pratique que je combattrai de toute mes forces, ça suffit, honte à vous ! Des êtres plein de mensonges, sans humanité, et dont la plupart se disent humanistes. Tout les partis politique de gauches et d'extrême gauche, honte à vous à l'extrême droite, l'un utilisent comme un fond de commerce et l'autre attise la haine, tout cela dans un calcul politique. Le mépris de certains français nationalistes qui se disent de souche, mais en réalité ne sont que des immigrés des différents pays européens. En Afrique, des gens savent bien vous recevoir chez eux, prenez garde de recevoir à la figure « l'Afrique aux africains dans les prochaines décennies 20 à 30 ans ». Je ne suis qu'un simple penseur, qui cherche à analyser et de comprendre un fait ou un problème, fatigué de toujours voir, d'entendre la même chose dans les différents médias depuis des années, aucun politicien ne me représente réellement en France, mon modèle en politique qui incarne pour moi la patience, la détermination et le combat des droits humains est Nelson Mandela, car je me retrouve dans son combat, face au racisme (l'ignorance), la volonté de défendre les droits élémentaire de tout individu et un projet politique dans la construction d'une nation unie dans sa diversité, un grand homme, un grand personnage historique, que j'ai eu le privilège de le connaître à travers les livres, ses discours, mais que j'aurai voulu le voir de son vivant face à face, il est pour moi « un père spirituel » dans le domaine politique. La communauté africaine se compose de trois catégorie d'individus ; la première catégorie est celle de nos parents, celle de l'après guerre, la seconde catégorie est celle de la 2ème et 3ème génération et la troisième catégorie est celle de nouveaux émigrants et d'immigrants, que j'appellerai la diaspora. Chaque catégorie à des aspirations différentes, on ne peut pas d'un coup de revers regrouper toutes ces catégories d'individus et proposer une solution politique, qui n'apportera pas de solution, mais en créera d'autres.

Tout d'abord, il faut cesser de montrer l'africain comme un problème pour la société, l'histoire nous a bien montré que les dominants deviendront par la suite les victimes des dominés. Qui aurait imagé, il y a un siècle que la Chine serait une puissance économique sur la scène mondiale et au niveau politique, il y a une vingtaine d'années, on montrait dans des films, la population asiatique de manière péjoratif, maintenant ce n'est plus le cas. Premièrement ne plus dévaloriser l'image de l'africain dans les médias, car cela serait néfaste dans l'avenir entre les différentes communautés, les africains risqueront de reproduire les mêmes injustices dans l'avenir quand elle deviendra une nouvelle puissance économique comme la Chine. Deuxièmement mettre un terme au vieux clichés qu'un bon africain vote à gauche ou extrême gauche, en proposant des candidats, futurs leaders dans différents partis politiques ou créer un parti politique qui puisse représenter les différentes catégories de la communauté africaine. Nous avons des intellectuels, des entrepreneurs, des scientifiques qui ne souhaitent pas être cantonné dans une vision périmé néo-colonialiste de la conception politique sur les différentes communautés en France. Ce n'est pas un magrébin ou un latino qui va représenter notre communauté africaine, il faut prendre conscience de cette réalité et corrigé ces erreurs longtemps ignorés. Troisièmement ce candidat ou ce leader devra proposer un véritable programme politique qui va faire porter sur la scène médiatique politique, devenant ainsi une force politique que les différents dirigeants politiques respecteront ces revendications politiques. Les associations et syndicats ne peuvent pas faire aboutir les attentes de nos électeurs d'origine africaine, comme par exemple l'association SOS racisme, mais un parti politique avec un leader issu de la communauté africaine pourra agir sur les institutions. Ce leader devra s'attaquer au vrai problème que connaît notre communauté africaine, car elle est trop souvent ignoré par les partis politiques et les politiciens, tout simplement parce qu'il ne vote pas, donc il faut proposer le droit de vote des étrangers.

Je pense que ce futur leader devra faire ses armes dans l'une des deux formations politique, afin de comprendre, d'apprendre le fonctionnement d'un parti politique, et de créer un nouveau parti politique. Un constat me vient à l'esprit, c'est le problème de la crise d'identité que connaissent essentiellement la seconde et la troisième génération. Victime de ces chimères qui se transforment en cauchemar, cela est le résultat du déni de ces origines en voulant vivre comme un européen, ce n'est pas être en compagnie d'une européenne, de vivre, de parler, de travailler comme un européen que l'on sera un européen. Il y a des aspects visibles comme la couleur de la peau, des origines de la famille, rien n'est plus naturelle de s'adonner au plaisir que nous offre le charme de l'intégration européenne. Comme je le citais auparavant un individu qui ne connaît pas ou renie son origine, ne pourra pas véritablement construire son avenir, avec des conséquences qui auront des répercussions sur la prochaine génération. Mais celui qui a gardé le lien d'origine de ses parents pourra vivre avec une personne d'origine européenne, enseigné à ses enfants, ses origines et celui-ci aura la double identité, pouvant s'intégrer facilement à la société. La manipulation de la société de consommation à travers les publicités incitant les français d'origine africaine à perdre son identité, de s'aliéner en devenant esclave des plaisirs, de la jouissance des offres de consommation sans se soucier des conséquences néfaste dans l'avenir. Courage à vous tous qui veulent garder son identité, son patrimoine, son honneur, qui ne peut pas se vendre, ni s'acheter contre de l'argent ou de bénéficier des plaisirs, de jouissance éphémères. Tout cela ne peut que créer des problèmes, il faut la prise de conscience qui touche la plupart des individus de la communauté africaine et les venir en aide. Peu importe la couleur de la peau, le pays d'origine, l'individu est par nature mauvais, esclave de ces désirs. Cependant la distinction des expériences bonnes et mauvaises, permet d'acquérir la connaissance de soi. L'esprit de domination qui habite en nous tous, la culture, l'identité de l'individu, cela se manifeste sur le plan matériel et spirituel. On le retrouve dans tous les peuples, prenons par exemple un couple vivant ensemble, il faut impérativement un dominant et un dominé, c'est dans la nature de l'être humain, le dominé doit subir les caprices du dominant et cela s'applique dans tous les domaines, au niveau professionnel, familial, social. Mais ce rapport de force n'est pas perpétuel et inévitablement, il y aura soit un changement de situation, un inversement des rôles. Nous pouvons le voir à travers par exemple le mouvement féministe, qui remet en cause la position de la femme dominé face à l'homme. Elles veulent faire subir aux hommes ce qu'elles ont subit, la victime veut se venger de son agresseur en reproduisant les souffrances qu'elle a enduré, cela est même reconnu au niveau scientifique, en psychologie. Tout au long de l'histoire de l'humanité, ce qui ne fut pas toujours le cas pour ceux qui connaissent l'histoire, auparavant le statut de la femme était très important dans les différentes sociétés de la préhistoire, les hommes les donnaient une place et un respect important, pour plusieurs raisons dont celle du pouvoir de fécondité qui pouvait assurer la descendance du clan familial. Dans le rapport de force l'esclave et le maître, ce n'est pas toujours celui qu'on croit le dominant c'est à dire le maître qui est le vainqueur, l'histoire nous là plusieurs fois apporté la preuve, de plus, la réflexion du philosophe Epictète, ancien esclave affranchi, nous explique que le maître sans son esclave n'est plus le maître et sera triste, perdu et vis versa, cette dépendance est néfaste si nous voulons être égoïste. Mon constat est le suivant tout individu, association, organisation politique qui recherche l'hégémonie sur son adversaire ne pourra pas satisfaire pleinement sa victoire, seul la recherche d'un équilibre des forces en relation est la solution.

Je demande à ne pas reproduire les mêmes comportements du dominateur européen, ni d'avoir un esprit de Revenge, car dans les deux cas le but recherche ne sera pas totalement accompli. La communauté africain devra recherche un juste équilibre dans ces actions au niveau politique, économique et sociale, se différencier des autres tout en respectant les lois en vigueur. Je ne crois pas à ces mouvements, parti politique qui veut une Revenge comme le mouvement féministe ou les partis extrêmes de droite et de gauche. Ni même ces associations, ces syndicats qui ne sont là pour dénoncer, complice des grands partis politiques. La liberté ne s'obtient pas en cadeau, il faut la chercher, la vouloir, le désir pour l'obtenir par ses propre moyen. En France, il a fallut la Révolution de 1789 pour obtenir un véritable changement et permis le Déclaration des droits de l'Homme et du citoyen. Le mépris que traverse la communauté africain en France n'est pas dû à sa couleur de peau, ni à sa culture, ni à son histoire, mais à son comportement, à son image qu'il donne à l'extérieur. Nous sommes divisés, nous agissons comme des européens, nous n'avons pas d'ambition au niveau de notre belle nation ; l'Afrique. Cela concerne du simple individu aux autorités politiques dans nos pays d'Afrique, pendant que les européens s'installent au soleil dans nos beaux pays, nos frères africains viennent souffrir en Europe, quel paradoxe! Certains me diront, nous voulons aider nos familles en travaillant en Europe, pour leur envoyer de l'argent. À ceux-là, je dirai vous faite cela depuis plusieurs années quel est le résultat ? Mon constat est celle-ci, vous travaillez en Europe dans le vent, votre argent n'aide pas vos famille mais favorise l'augmentation des problèmes et bénéficient les européens, je traiterai la question du franc CFA. Il faut tout d'abord être uni, c'est dans l'unité que l'on pourra construire, bâtir un projet, en créant une monnaie nationale gérer par son état qui vont permettre la mise en place d'actions concrètes. Ce que les gouvernements ne sont pas capable de faire, alors faites le, dans l'investissement pour la construction des routes, des hôpitaux, des écoles, investir dans l'industrie, dans les centrales électrique, dans les barrages d'eau, ce qui vous donnera une force légitime auprès de vos familles, du peuple, de vos gouvernements qui vous donneront du respect et de l'Afrique, c'est ce que la Chine est entrain de faire, alors que cela devrait venir de la communauté africaine. Prenons pour exemple d'une fourmilière, la maison doit être construite avec le concours de toutes les fourmis et cela doit nous faire prendre conscience de ce fait. Les problèmes que connaît l'Afrique peut être en parti résolu par la diaspora dispersé à travers le monde, elle agirait sur l'économie nationale, la politique des gouvernements car l'argent est le nerf de la guerre. Retrouvons notre véritable indépendance dans une monnaie fédérale avec l'Union africaine, un pouvoir souverain avec un siège permanent au Conseil de Sécurité. La préservation et promouvoir de la culture africaine dans le monde, améliorer la vie sociale des habitants du continent en finançant des organismes internationale et on ne verra pas dans les médias, des africains se sacrifier sur les côtes européennes.

Les problèmes que connaît les différentes sociétés en Europe sont le reflet de la situation au niveau familiale, on peut analyser et faire des corrélations à partir de faits macro économique, social et politique (au niveau national) à celui micro économique en observant les différents individus dans une famille. Qu'apprenons-nous au niveau des pays européens et pays développés, nous découvrons plusieurs crises dans différents domaines et cela peut se vérifier au niveau familiale, le constat est l'absence de fondation, de base solide, de valeur fondamental qui puissent unir les différents individus, comme dans la construction d'une maison, si les fondations ne sont pas solide, tout finira par s'écrouler un jour.

L'absence de fondation, comme l'oubli ou le dénigrement de ses origines est un triste fait que je déplore, vivre parmi et avec une civilisation différente ne fait pas de l'autre, un individu semblable. Le plus honteux n'est pas les différents conflits, divisions entre les différents états africains, mais qu'un étranger soit à l'origine de cela... »Diviser pour mieux régner », précepte qui s'applique dans différents domaines, politique, économique (stratégie commerciale), militaire en période de guerre et de paix.

La diaspora en France et dans le monde a une grande responsabilité envers l'Afrique, cesser de vous comporter comme des européens qui ne chercheront pas à donner le secret de la réussite, il faut garder à l'esprit que la l^{ère} personne au singulier « je » doit devenir « nous », les bienfaits au niveau national aura des effets sur toutes nos familles, l'individualité ne crée que des guerres, des instabilités politiques, des famines. Le continent africain va bientôt connaître son faste, sa splendeur comme dans son passé au temps des grands empires, dans les prochaines décennies, à la seule condition que nous poursuivons notre effort dans cette voie.

II. Un siège permanent de l'Union africaine au Conseil de Sécurité.

La demande de l'obtention d'un siège permanent pour l'Union africaine, afin de garantir et de protéger les intérêts du continent et non seulement légitime, mais aussi naturel. La Conseil de paix et de sécurité (CPS) de l'Union africaine devra montrer sa volonté de siéger dans cette institution internationale, donc parlé d'une seule voix au nom de tous les états africains. Le projet des Etats Unis d'Afrique est réalisable et acceptable par les peuples du continent, tout dépend des chefs d'états, ce qui est totalement différent en Europe, les dirigeants sont favorables mais pas la population très nationaliste. Ce projet des états unis d'Afrique, des pères fondateurs de l'Organisation de l'Unité Africaine (OUA) vont aboutir dans un avenir proche, car les différents peuples d'Afrique aspirent à un changement dans leur condition de vie quotidienne. Cela permettra de mettre un terme aux différents conflits que connaît le continent, la mise en place de véritable structure administratif et de défense comme une armée sous le contrôle de l'Union africaine sera indispensable dans la résolution des conflits. Son financement proviendra des différents états qui composent l'union africaine, garantissant ainsi son indépendance, il faut mettre un terme dans le financement étranger dans les secteurs qui relève du service public et du pouvoir étatique, cependant le partenariat entre les autres états sera une des politique essentielle de la nouveau Etats Unis d'Afrique, dans l'optique du « gagnant-gagnant », politique de l'équilibre dans le partenariat, de l'équilibre des forces en ne s'impliquant pas dans un camp contre un autre camp, mais en recherchant la résolution pacifique. La constitution d'une armée, d'un service de renseignement, une arme nucléaire seront indispensable afin de donner une crédibilité et un respect dans nos opinions et décisions au niveau international, cela est aussi un moyen de dissuasion contre toute tentative d'un autre état agresseur sur le continent africain. Le rôle de la Commission africaine de l'énergie atomique sera d'œuvrer dans la recherche et la fabrication de l'arme nucléaire. Je ne suis pas partisan de la guerre ou de la violence, mais nous vivons dans un monde où les intérêts d'un état, de sa population est garantit par des armes de dissuasion. Ceux qui affirment que la résolution des problèmes peut se résoudre par la discussion ou la négociation, je dirai à ces personnes, que cela est possible quand les protagonistes ont des forces équivalentes et ne souhaite pas s'autodétruire. L'être humain à un comportement similaire à un animal sauvage, il attaquera le plus faible pour assouvir son instinct de domination, il ne faut pas aller plus loin dans l'explication du comportement humain. L'objectif du futur chef d'état est d'éviter un tel scénario, en prenant des dispositions de protection de sa nation. Un proverbe africain dit ceci »quand deux éléphants s'affrontent, c'est l'herbe qui souffre », le bien être de sa population devra être la priorité du nouveau chef d'état fédéral, en évitant les conflits et guerres sur le continent par l'intervention si nécessaire d'une force armée africaine et non étrangère comme les casques bleus mais aussi par l'application du droit en Afrique, à travers sa Cour Pénal

Africaine. Nous ne devons pas servir pour les intérêts d'autrui, mais celui de l'état fédéral africain et de son peuple, « ne soyons en faveur d'aucun pays car personne n'est pour notre intérêt », cela doit devenir la philosophie politique de tous nos dirigeants et politiciens du nouveau Etats Unis d'Afrique. La vision multipolaire sur la scène internationale est plus favorable pour notre philosophie politique, ne recherchons pas l'hégémonie comme le font ou le souhaite beaucoup d'états dans leur politique, cela n'apportera que la haine, des conflits comme nous le voyons avec les Etats unis, qui ont plus d'états ennemis que d'états amis, et même les états amis finiront par changer de position quand les américains n'auront plus leur hégémonie sur la scène internationale. Chaque état veut dominer l'autre, cela est une réalité depuis la naissance des empires, selon moi, l'idée de bien et de mal sont des concepts infondés, inapproprié qu'utilisent souvent un état contre un autre état pour mener des actions de violence. Ce que l'un trouve bien ou beau, l'autre trouve mauvais et laid, nous le constatons à travers la religion par exemple. Donc ne soyons pas arrogant envers un autre état, même si nous devenons une puissance politique et économique, mais traitons-le avec respect quand celui-ci se comporte de même, retenons cela à l'esprit »faites à autrui, ce que tu voudrais que l'on fasse à toi ». Utilisons la ruse à la force, le chantage ou l'intimidation à la violence, la patience à la colère en découvrant sa faiblesse afin de l'utiliser au moment favorable par la soumission à l'adversaire, pourquoi détruire ce qui est utile et être à toi avantage, faire ton ami un futur ennemi et ton ennemi, un ami, avoir à l'esprit que rien n'est constant tout est sujet au changement, en résumer ne faire confiance à personne.

III. Mettre fin au franc CFA « colonies française d'Afrique » et création d'une monnaie fédéral.

Tout véritable progrès dans un état passe par une indépendance économique et financière, pouvant ainsi assurer un pouvoir souverain, comment un pays qui se dit souverain et que son peuple crédule accepte, peut se développer quand son économique national est géré par une banque étrangère ? L'exemple le plus flagrant est la monnaie franc CFA utilisé par quatorze pays africains, dont le Bénin, le Burkina, la Côte d'Ivoire, la Guinée-Bissau, le Mali, le Niger, le Sénégal et le Togo formant l'UEMOA (union économique et monétaire de l'espace Afrique de l'ouest) et le Cameroun, la Centrafrique, le Congo, le Gabon, la Guinée équatorial, le Tchad composant la communauté économique et monétaire de l'Afrique centrale (CEMAC) , toute ces institutions sous le contrôle de la banque de France depuis la fin de la seconde guerre mondiale. Donc il y'a deux monnaie pour la zone franc d'Afrique centrale et la zone franc d'Afrique de l'ouest, la banque des états de l'Afrique centrale (BEAC) et la banque centrale des états de l'Afrique de l'ouest gérer par la banque de France, c'est un système qui n'apporte pas de résultats bénéfique et qu'il faut dès maintenant changer par la gestion d'une nouvelle monnaie par la banque centrale africaine. Les chefs d'états des quatorze pays n'ont pas de véritable pouvoir de décision, la France dans le rôle du parent qui gère le budget de son enfant en lui accordant ou pas des prêts. Ces états ne contrôlent pas leur monnaie, mais c'est la France, pouvant ainsi se servir des bénéfices de la gestion des économies de ces états pour financer ces projets. Réveillons-nous maintenant et disons d'une voix unie, ça suffit, nous ne sommes plus des enfants, mais des adultes qui veulent notre véritable indépendance, notre liberté. Mais ce système viendra à bout de souffle et il faudra mettre un terme, car tout au tard, cela sera un sujet de débat qui va animer, révolter les différentes populations en Afrique. Quand elles découvriront que la gestion de leur économie, de leur finance n'est pas à l'initiative de leur gouvernant, mais d'un pays étranger et qu'ils sont pour la plupart en destination de ce pays pour trouver un emploi, une situation meilleure qui n'est en faite la cause de leur exode, beaucoup de choses vont changer. Cette volonté d'émancipation doit être voulu par nous et nous devons agir en tant que tel, ce n'est pas une personne étrangère à nos problèmes qui apportera la solution. Donc n'attendez pas de l'aide des politiciens de tout bord politique, car leur intérêt est incompatible avec notre souhait. Comment vont-ils accepter facilement par exemple la fin du franc CFA qu'il soit de gauche ou de droite ? Quand ce candidat deviendra président, il servira les intérêts de l'état français et cela est tout à fait naturel. Donc cessons d'être en perpétuel assistanat pour enfin devenir de personnes autonome et responsable et terminé le principe du maître et de l'élève. Mon constat est le suivant ; ce système mis en place par la France à l'après guerre, qui a été appliqué à celui-ci par l'Allemagne durant la guerre. Comme je l'ai cité auparavant l'histoire nous a toujours montré que le vainqueur finira par devenir la victime et le vaincu, le nouveau maître, des grands empires ont chutés et disparus, prenons l'exemple de la simple colonie américaine face à l'empire britannique, qui deviendra une superpuissance ; les Etats Unis ou dans le domaine religieux, une secte appelé les chrétiens, victimes de la cruauté de ses agresseurs deviendrait plus tard une religion reconnut dans le monde. Il est préférable de rendre justice avant que la nature rende justice par elle-même, n'est-il pas bon de dire à sa victime, voilà je suis venu te rendre justice afin de garder de bonne relation, que d'attendre un évènement inattendu qui prendra de court le vainqueur, le rendant ainsi à la merci de sa victime, non seulement celle-ci nouveau maître appliquera le même châtiment qu'elle a connut à son ancien maître, mais il fera des choses bien plus pire, bafouant ainsi le principe de justice. La victime répètera les mêmes tourments qu'elle a connut ou subit de son bourreau. Ma proposition est la suivante ; que les pays membres s'associent afin de créer une nouvelle monnaie commune au niveau national puis au niveau fédéral dans les Etats Unis d'Afrique gérer par une institution bancaire de l'Union africaine, comme pour l'Union européenne. L'objectif est de créer une position de force, c'est-à-dire être en mesure de pouvoir proposer un bien ou un service en contre partie de paiement ou d'un service. Cela permettra la mise en place de plusieurs dispositifs au niveau régionale, fédérale et internationale, comme le partenariat avec la diaspora et avec tous ceux qui veulent participer au développement du continent Africain, les participants ne devront pas avoir de parti pris, c'est-à-dire peu importe que le gouvernement soit légitime ou illégitime, car elle doit agir pour le bien du peuple, son action va bénéficier tout le monde. Donc ne pas intervenir sur la sphère politique, mais essentiellement dans le domaine économique et social, le changement viendra du peuple et non des dirigeants. Fini l'époque où les différents gouvernements africains venaient supplier des prêts aux institutions financière comme par exemple le FMI, alors la diaspora forte d'un capital financier pourra se porter garant en participant aux projets mis en place par les gouvernements et donc participer à la politique du pays. Concernant la catégorie des français d'origine africaine, ils peuvent aussi participer à cet effort, sans toutefois vouloir s'établir au pays, leur action sera bien vu par la communauté, la diaspora joue un rôle déterminant car elle est le lien entre celle de l'après guerre et la seconde et troisième génération, elle est récente en France et par définition ne souhaite pas immigrer mais émigrer pour un temps déterminé, donc elle constitue ce lien que peut tisser, créer les français d'origine africaine. Mon constat est la suivante ; parmi les trois catégories d'individus dans la communauté africaine, deux d'entre elles, peuvent jouer un rôle important pour l'essor du continent africain ; c'est les français d'origine africaine qui ont acquis des compétences, un savoir-faire, un potentiel utile pour le continent et la diaspora, qui connaît la situation réelle donc des domaines où il faut agir, investir. La génération de l'après-guerre, c'est-à-dire nos parents ne joueront pas un rôle actif, mais seront des sentinelles, des gardiens de l'identité africaine à l'étranger. J'ai évoqué la question économique dans la construction d'un partenariat entre la communauté africaine et le continent, mais il y a un second facteur tout aussi important selon moi, elle concerne le domaine des institutions et la communauté africaine peut jouer un rôle significatif dans une évolution rapide et bénéfique pour le peuple, c'est l'Union Africaine. Une institution qui peut défendre et promouvoir les pays africains, la diaspora peut interagir avec cette institution, depuis le début des indépendances, on recense sur le continent plus de guerre que dans l'ensemble des continents dans le monde, il faut mettre un terme à ces fléaux. Je propose ceci, l'Union africaine doit avoir un siège permanent au Conseil de sécurité des nations unies, afin de participer et de trouver des solutions sur son continent, ce n'est pas un pays étranger qui va nous apporter la paix, si les autochtones n'ont pas trouvé un terrain d'entente. Ensuite il y a la gestion de la monnaie, les pays africains n'ont pas la gestion de leur monnaie, elle est géré par les institutions européennes, exigeons maintenant notre indépendance financière et économique, la situation que traverse le pays grecque est effrayant, si nous devons traverser une crise financière que cela soit au moins de notre initiative et non d'une action externe. Le dernier projet a mettre en place est la création des Etats Unis d'Afrique, projet panafricaniste défendu par de grands leaders africains comme l'ancien chef d'Etat du Ghana Nkrumah, cela est réalisable au XXI siècle, choisir un chef d'Etat qui va représenter les différents pays d'Afrique, états fédérés, à l'international, un parlement fédéral composé d'élus de chaque province et une justice indépendante composé d'élus qui siègeront à tour de rôle afin que chaque états fédéré puisse avoir un représentant au pôle de justice. La situation est favorable pour un tel projet ambitieux que je veux réanimer, les différents peuples en Afrique seront favorable de voir dans l'incarnation du pouvoir exécutif ; un chef d'état élu pour un mandat précis, avec des prérogatives significatif tel que chef des armés, possibilité de projet de loi avec l'accord du parlement fédéral, nomination des hauts fonctionnaires dans l'administration fédérale, pouvoir exceptionnel avec les pleins pouvoirs exécutif en cas de crise grave ou de danger de la nation tout cela avec l'accord des parlementaires et des juges fédéraux, garant des institutions et de la Constitution fédérale. Chaque état aura son gouverneur ou son premier ministre élus par son peuple qui auront leur constitution qui respectera les attributions prévus par la constitution fédérale. Pour le domaine législatif, la parlement fédérale sera composé, soit composé d'une ou de deux chambres d'élus de chaque état, mais aussi d'élus parlementaires d'états fédérés prévu par la constitution fédéral. Le pouvoir judiciaire sera quand à elle, composé d'élus, au niveau fédéral qui, tout dépendra de la volonté du peuple au niveau des états fédérés, s'il souhaite avoir des juristes nommés ou d'élus dans la structure judiciaire. Le régime présidentiel avec certes quelques modifications serait à mon avis propice pour un Etats Unis d'Afrique ou Union Africaine. Je ne suis pas en faveur de qui que ce soit, du moment où il n'est pas favorable à mes intérêts, pourquoi persister dans une voie ou une action qui n'est pas favorable à notre réussite ? Je ne cherche pas à créer des tensions ou division, mais c'est un constat de ma part et je souhaite que l'on mette fin, car tout cela prendra fin tout au tard, toute chose est destiné à disparaître pour laisser place à quelque chose de nouveau. Donc n'attendons pas mais agissons, nous avons les solutions, les richesses humaines (ressources dans la main d'œuvre importante jeunes de la population africaine) et matériels (ressources naturelles qui peuvent assurer notre indépendance), richesses intellectuel (formations dans différents domaines) dans sa population africaine et sa diaspora, tout cela constitue le terreau pour la mise en place du projet panafricain, d'un Etats Unis d'Afrique. Ne nous comportons pas comme les européens qui ne sont que des nationalistes incapable d'une vision plus bénéfique au peuple, la notion de démocratie que mes frères et sœurs africains scandent aux médias, lors d'élections présidentiel essentiellement, n'est pas dans la culture africaine, mais un pure produit de commerce des européens. Ils ne sont pas capables de l'appliquer en Europe, prenons le cas de l'Union européenne, incapable de prendre une décision unanime au niveau international (rivalité entre la France et l'Allemagne), affaiblissant non seulement l'institution mais les pays membres et ils veulent nous le vendre ce concept qui n'arrive pas à l'appliquer eux-mêmes. Avant l'arrivée des européens en Afrique, nous avions des empires, des royaumes bien géré, administré qui regroupaient plusieurs pays composé de différents ethnies, de peuples qui vivaient selon les traditions, la culture africaine, donc n'oublions pas cela pour adopter des conceptions étrangers à nos mœurs et coutumes.

IV. Création des Etats Unis d'Afrique et son fonctionnement.

La création d'un état fédéral africain peut aboutir car tous les facteurs y sont favorables, l'absence de véritable pouvoir étatique unitaire, une population qui veut un changement radical de politique, les circonstances actuelles demande de mesure exceptionnel. L'Union africaine doit fixer comme objectif dans sa politique, la création des Etats Unis d'Afrique, un projet défendu par les pères fondateurs de L'OUA, dont l'ancien chef d'état ghanéen Kwame Nkrumah avec son ouvrage »l'Afrique doit s'unir ». A ses début, il faut un régime fort qui puisse mettre en application sa politique de réforme, un régime présidentiel serait adapté pour laisser le pouvoir exécutif agir sous le contrôle du parlement, par la suite, le régime pourra devenir parlementaire pour favoriser l'émergence de nouveaux politiciens. La structure actuelle de l'Union Africaine devra être conservée, le changement proviendra dans sa Constitution qui donnera naissance à l'état fédéral, définissant ainsi les modalités de fonctionnement des états, de leur prérogative, de leur domaine d'intervention, du mode d'élection, de l'application des différents textes législatifs national et fédéral. L'objectif est la nécessité de collaboration entre les différents pouvoirs sans pour autant une connivence, elle sera doté de dispositif de contrôle et trouver un terrain d'entente afin de mener à bien le projet pour le pouvoir exécutif ou la proposition pour le pouvoir législatif. L'Union africaine actuel possède trois domaines important qu'il faudrait faire des modifications, des améliorations afin de renforcer ses institutions dans le nouvel état fédéral. Tout d'abord, la nécessité de modifier la Constitution est la première étape essentiel, l'U.A. possède quatre textes majeurs, à savoir, la Charte de l'OUA du 25 mai 1963, le Traité d'Abuja du 03 juin 1991, la Déclaration de Syrte du 09 septembre 1999 et le dernier texte ; l'Acte constitutif de l'Union africaine du 11 juillet 2000 à Lomé. Cette modification pourra se faire soit à l'initiative du peuple ou soit par des élus qui composeront une assemblée constituante spéciale pour l'élaboration et la réalisation de la nouvelle Constitution fédéral. Maintenant intéressons nous, aux institutions et organes politiques de l'U.A. Elle est dotée d'un parlement panafricain composé de 265 représentants élus au sein des 53 états, c'est-à-dire 5 élus pour chaque état et un président. Leur rôle est de formuler des recommandations dans les domaines de la paix, la sécurité, les déplacements en Afrique et le changement climatique. Ma proposition est de renforcer cette institution, en lui accorder la possibilité de proposer et de faire voter des textes dans plusieurs domaines, d'élire le nouveau chef d'état fédéral, engager des commissions d'enquête sur les actions politiques de l'exécutif, qui se seront défini dans la nouvelle Constitution. Il faut que le parlement panafricain devienne l'organe principal législatif, car il est composé d'élus qui représentent les différents états africains. Ensuite il y a la Conférence, composé de chefs d'Etat et de gouvernement des états de l'Union africaine, avec un président. Ces compétences sont importantes, organe suprême de l'exécutif, il définit les politiques communes de l'Union. Reçoit, examine et prend des décisions sur les rapports et les recommandations des autres organes. Examine les demandes d'adhésion à l'Union, crée tout organe de l'Union, adopte le budget de l'Union, nomme et révoque les juges de la Cour de justice et nomme le président, le ou les vice-présidents, les commissaires de la commission exécutive et détermine leurs fonctions et leurs mandats. Mais il y'a aussi la Commission composé de 10 commissaires dont un président et un vice-président, leur champs de compétences sont la paix et sécurité, les affaires politiques, l'infrastructure et énergie, les affaires sociales, le développement humain avec la science et la technologie, le commerce et industrie, l'économie rurale et agriculture, les affaires économiques. Et le Conseil exécutif composé des ministres désignés par les gouvernements des états membres, qui représente des organes de l'exécutif. Je propose tout simplement la fusion de ces trois organes, le pouvoir exécutif sera incarné par un président fédéral élus par le parlement panafricain, il sera issu et proposé par ce parti politique comme candidat lors d'élection présidentiel, à la différence du mode d'élection aux Etats Unis où se sont les grands électeurs qui choisissent le futur président américain. Donc ce nouveau président aura un pouvoir de contrôle et désignation de la Commission, composé des 10 commissaires, il est le chef de l'administration fédéral, chef de l'exécutif, des armées, proposera pour le peuple africain une politique que mettra en œuvre son gouvernement ou commissaires, pourra soit de lui-même ou un membre de son gouvernement déposer un projet de loi au parlement panafricain pour son adoption, dans l'un des domaines qui lui est attribué par la Constitution, mais pourra aussi intervenir dans un domaine qui n'est pas de sa compétence, ce qui ne pourra pas être le cas pour un état fédéré qui souhaite intervenir dans les domaines prévu par la Constitution à l'exécutif fédéral et devra être voté à la majorité des voix au parlement panafricain. Le pouvoir législatif sera incarné par le parlement panafricain, composé d'une ou de deux chambres, c'est aux électeurs ou à l'assemblé constituante d'en décider et de l'inscrire dans la Constitution fédérale. Les institutions judiciaires composé essentiellement de la Cour africaine de justice créée par l'Acte constitutif de l'Union africaine pour résoudre les problèmes d'interprétation des différents textes de l'U.A. C'est la juridiction suprême, hors le constat est sans appel, le continent africain manque cruellement d'institutions forte et crédible au niveau international pour faire appliquer le droit sur le continent. Sa souveraineté est encore bafouée, pas d'indépendance au niveau économique et financière, mais aussi dans le domaine du droit et judiciaire, il faut l'intervention de la C.P.I (Cour Pénal International) pour juger des crimes et délits commis sur le continent africains par des dirigeants ou autorités politiques durant l'exercice de leur mandat. La proposition de nombreux experts juridiques de fusionner la Cour africaine des peuples et des droits de l'homme avec la Cour de justice de l'U.A. est une bonne chose. Elle sera alors compétente et pourra intervenir dans les affaires générales, les droits de l'homme et le droit pénal international, dans l'objectif d'en faire une juridiction, capable de juger les crimes de guerre, les crimes contre l'humanité et les génocides. De cette fusion, on aura la Cour Pénal Africaine(C.P.A), juridiction suprême, cela limiterai le champ d'intervention de la communauté internationale, respectant ainsi notre souveraineté et dissuaderai des crimes divers sur le continent africain, cela serait en théorie inenvisageable avec une structure d'un état fédéral. Dans les institutions économiques et financières, il y'a la banque centrale africaine, la banque africaine d'investissement et le fond monétaire africain, j'ai précédemment proposé la création d'un monnaie de l'Union africaine qui devra être gérer par la banque centrale africaine, elle sera le contrôle du pouvoir exécutif mais le parlement panafricain aura un droit de regard, par des commissions d'enquêtes sur la gestion du budget, dans l'adoption du budget. Concernant la banque africaine d'investissement, elle sera tout comme le fond monétaire africain, sous la direction de la banque centrale africaine, son rôle sera de financer le plan »made in Afrique » dans plusieurs domaines, le secteur industriel et de production, la science et la santé, la recherche, etc. Le fond monétaire africain s'assurera de constituer un stock de devise en matière première et interviendra lors de fluctuation de la monnaie africaine, sous l'impulsion de la banque centrale africaine. Cette institution est importante, car elle permet d'assurer l'indépendance et la souveraineté de l'Union africain qui deviendra un état fédéral dans les Etats Unis d'Afrique. Le Conseil de paix et de sécurité (CPS) de l'Union africaine doit disparaître au profit de l'obtention d'un siège au Conseil de Sécurité, ce conseil n'a aucun poids politique au niveau international, mais en siégeant au Conseil de Sécurité, sa position sera entendu par les autres membres et respecté. Pour la Commission africaine de l'énergie atomique, son objectif sera la réalisation de l'arme nucléaire à des fins de prévention contre toutes attaques d'un pays hostile et de favoriser la recherche scientifique pour le bien être de la nation africaine. Le Conseil économique, social et culturel devra être maintenu dans le nouvel état fédéral ainsi que son rôle de promouvoir l'art africain dans le monde.

V. Indépendance et souveraineté de l'état fédéral.

La question de la mise de nouvelle institution pour assurer la souveraineté des états africains a été évoquée dans le chapitre précédent, maintenant la mise en place de cette structure étatique, il faut donner la possibilité de la mettre en pratique. De nombreux experts, économistes, scientifiques dénoncent l'absence de moyen de production sur le continent, tout comme la monnaie, si on ne produit pas le bien ou le service, on ne peut pas fixer son prix et l'acheteur devient dépendant du vendeur. Ma proposition est la suivante ; le nouveau état fédéral devra mettre en place une sorte de « plan Marshall » qui a été proposé aux européens à la fin de la seconde guerre mondiale, ce qui leur a permis de reconstruire les différents états et par là devenir des sujets des Etats Unis, nouveau maître sur la scène international que seul l'URSS pouvait remettre leur hégémonie. Donc elle devra consentir un grand budget pour le financement d'industries de production, favoriser le financement de nouveaux créateurs, inciter dans la recherche scientifique et médicale, créer des campus dédié aux futurs découvertes, est-il normal qu'au XXI siècle qu'il n'y a pas de prix Nobel africain dans le domaine scientifique ? Cela doit changer avec cette nouvelle politique que devra mettre en œuvre le nouveau dirigeant. Tous sont d'accord sur le fait qu'il faut de véritable changement en Afrique, certains diront où trouver ce financement pour ce projet que j'appellerai »plan made in Afrique », tout simplement en mettant une de nos matières premières comme par exemple l'or, soit en dépôt de caution à un pays favorable au prêt financier ou tout simplement la vente d'une matière première qui financeront notre plan « made in Afrique », l'état fédéral ayant sa propre monnaie et sa banque fédérale pourra gérer au mieux l'argent pour le bien de sa population. Je prône toujours la liberté, l'indépendance dans la politique d'un état, donc je suis favorable pour la deuxième proposition, c'est-à-dire la vente d'une matière première pour le financement du projet. Il faut par tous les moyens éviter d'être à la merci ou redevable à un état, l'exemple du « plan Marshall » aux européens illustre bien ma pensée, elle ne rend pas libre et objective un état, devant satisfaire la volonté de l'état donateur. Les premières années seront cruciales dans la politique mené par le dirigeant, car il devra fixer un cape que suivra son successeur pour la modernisation et le développement du secteur industriel, de production du continent. Je vais illustrer mon propos avec un exemple banal, j'ai fait un achat d'un maillot national de football du Togo et à ma grande surprise, je lis sur l'étiquette « fabriquer en Turquie », je n'ai rien contre la Turquie, mais j'aurai voulu voir inscrit sur l'étiquette « fabriquer au Togo ». C'est un problème qui montre d'une part que le Togo doit agir des petites et moyennes entreprises de l'artisanat, il y a de nombreux artisans qui ne demandent qu'un soutien moral en promouvant la production national, une aide financière pour lancer leur entreprise et accroître la production. Pas de production local dans de nombreux pays africain, pas d'indépendance économique, pas de leader politique qui propose un véritable programme politique pour sortir le continent de se marasme économique, politique et social. En favorisant l'essor des industries et des entreprises nationale, cela permettra relancer la consommation et bénéficiera l'économie des états. L'état fédéral devra intervenir dans l'économie qu'en cas de nécessité, le principe d'autorégulation des marchés ne s'est pas vérifié lors des différentes crises qu'a connut les américains et européens comme la crise de 1929. Ii devra fixer un salaire minimum comme dans tous les états développé mais la différence sera que chaque citoyen ayant une activité professionnelle rémunéré, pourra faire une demande de prêt pour l'acquisition d'un bien immobilier, de bien de loisir comme un véhicule, donnant ainsi à chacun une place de participation dans la société, ce qui le valorisera et permettra la croissance de l'économie, car le moral d'un ménage ou d'un consommateur est un facteur déterminant dans l'économie. Le dirigeant de l'état fédéral africain aura une vision, une politique de construction du continent sur le long terme, il posera les bases, les fondations de la nouvelle nation à ses futurs successeurs. Les candidats à la fonction de chef d'état devront avoir cette ambition, un véritable programme politique, comme l'obtention d'un siège au Conseil de Sécurité, la création d'une nouvelle monnaie de des Etats Unis d'Afrique, la création d'un état fédéral avec des état fédérés comme par exemple au Canada, Etats Unis, un plan de financement pour la création du secteur de production et d'industrie, le financement dans la recherche, la science et promouvoir la culture africaine. Tout cela est possible, réalisable, 1/5 des états ne sont pas indépendants, la plupart ou plus certainement tous les dirigeants sont au service de l'état français. À l'est et au centre, c'est des conflits interminables et dans tout ça le peuple souffre, de l'absence de leader, d'homme providentiel qui aura des réponses, une vision pour le continent. Faites un sondage à la population africain peu importe le pays, s'il souhaite un état fédéral avec des états fédérés comme aux états Unis, qui pourra assurer un emploi, la santé, l'éducation, l'amélioration de leur vie quotidienne, ils répondront par l'affirmative. Ils sont conscients que leur dirigeant ne sont pas maître du pays, et c'est pour cela que nous voyons la colère des électeurs lors de scrutin présidentiel, à la place des chef d'état, il y'aura des premiers ministre ou gouverneur élus par le peuple qui devra des compte devant son peuple et auprès de l'administration fédéral, pouvant ainsi être demi de ses fonctions en cas de faute pénal comme par exemple, l'abus des biens ou détournement d'argent. Ce dispositif assuré par le pouvoir judiciaire et le pouvoir exécutif fédéral assurera le bon fonctionnement des institutions, des politiques et des fonctionnaires. De plus, celui qui détient l'économie peut faire appliquer sa politique, il faut que l'actuel institution l'Union Africaine gère un maximum d'économie dans plusieurs pays du continent, mais pour cela, elle doit posséder sa monnaie et en finançant ses états, elle pourra contrôler sa politique et faire disparaître l'état unitaire au profit de l'état fédéral.

Conclusion.

Le constat alarmant est le suivant ; la plupart des états africains ont fêté en 2013, leur cinquantième anniversaire de leur indépendance, mais plutôt leur dépendance du système néocoloniale français. Dans les années 60, seul les dirigeants été conscient ce cette réalité, pourquoi l'ont-ils acceptés le maintient du système colonial ? nous le serons jamais, mais nous avons hérité de ce problème et dont de nombreux experts, scientifiques, économistes et intellectuel se sont emparés. Il faut dénoncer ces pratiques qui nuit les différents pays africain, auprès de la population, soyons les médias auprès du public, car cela ne sera pas fait par un autre. Le seul moyen de mettre un terme à cela, est de proposer au peuple africain et de mettre en place de nouvelles structures politique, administrative, un plan »made in Afrique » au niveau économique et social piloté par un état supranational à travers les Etats Unis d' Afrique, pour le bien de la nation africaine.